A Mayan Struggle
La Lucha Maya

This book is dedicated to those who died in the struggle to bring freedom and justice to Guatemala.

Este libro es dedicado a aquellos quienes fallecieron en la lucha para lograr libertad y justicia para Guatemala.

Guatemalans gather in the plaza in anticipation of celebrating the signing of the peace accords.

Guatemaltecos se reunen en la plaza en anticipación de la firma de los tratados de paz.

A Mayan Struggle
La Lucha Maya

Portrait of a Guatemalan People in Danger

Photos by Vince Heptig

Introduction by Nobel Peace Prize winner Rigoberta Menchú Tum

COVER:
A small girl rests on the shoulder of her mother during
Catholic Mass in Santa Maria de Jesus.

PORTADA:
Una niña descansa en el hombro de su madre
durante la misa en la aldea de Santa María de Jesús.

Cover Design by Carol Zuber-Mallison, ZM Graphics

Printed in Hong Kong by Empowering Partners Inc.

First Edition

ISBN 0-9656144-0-9

MayaMedia Publishing
7000 Treehaven, Fort Worth, Texas 76116
Internet Site: HTTP://webusers.anet-dfw.com/~vinnie/
Web search Mayan or Vince Heptig
Email: vinnie@anet-dfw.com

1 2 3 4 5 6 7 8 9 0

Contents

INTRODUCTION

By Rigoberta Menchú Tum

With the recent signing of the peace accords between the Government of my country, Guatemala, and the "Unidad Revolucionaria Nacional Guatemalteca" (URNG) (the Guatemalan National Revolutionary Unit), there are those who have declared, with obvious joy and optimism, that "peace has broken out." This opinion, no doubt, is wrong. The process Guatemala is undergoing at present to put an end to the internal armed conflict is barely the beginning of the long road we must travel to build peace.

In Guatemala, and in many other parts of the world, one hears talk of peace every day. This is important because it is a sign that more people are concerned about it all the time, and wish to leave confrontation aside and begin a new era, which must be one of cooperation and community work in the search for progress and justice.

The search for peace, a need which exists in many corners of the world, must compel us to make an effort to deliberate and to ask ourselves what meaning it should have, what its contents should be and how we can contribute to building it. This is doubtless a difficult exercise because centuries and centuries of confrontation between peoples and countries, between indigenous and non–indigenous peoples and between different social classes, have left deep wounds which are barely starting to heal.

From 1954 until 1985, Guatemala lived under a regime which was juri–politically militarist, authoritarian, repressive and excluding, built up solely to guarantee the rights of a powerful national and foreign minority which always looked upon the country as a fiefdom which it could avail itself of at will. The overthrow of the constitutional president, Jacobo Arbenz Guzman, through foreign intervention in July of 1954, marked the beginning of a long night of injustice, terror and death which, after a few years, gave rise to the internal armed conflict which has characterized our country for more than three decades.

The advances achieved in the decade 1944–54 with regard to political, economic and social rights were wiped out in a single stroke imposed by the power of money and arms in a sweep of assassinations and persecutions. Faced with this, the affected social sectors found no other way except by confrontation with the terrorist State which began to emerge, to recover and reclaim their rights.

Thus, the advent of the internal armed conflict was a response to the anti–democratic and totalitarian regime which appeared under the shadow of the Army and the United States.

Ante el avance de las negociaciones entre el Gobierno de mi país, Guatemala, y la Unidad Revolucionaria National Guatemalteca, hay quienes han declarado, con evidente alegría y optimismo, que "la paz ha estallado". Una apreciación, sin duda, equivocada. El proceso que hoy día vive Guatemala para poner fin al conflicto armado interno, es apenas el comienzo del largo camino que habremos de recorrer para construir la paz.

En Guatemala, y en muchas otras partes del mundo, cotidianamente se escucha hablar de la paz. Esto es importante porque es signo que cada vez es más la gente que se preocupa por ella, por dejar a un lado la confrontación e iniciar una nueva era que debe ser de cooperación y de trabajo colectivo en la búsqueda del progreso y la justicia.

La búsqueda de la paz, necesidad presente en muchos rincones de la tierra, nos debe obligar a hacer un esfuerzo de reflexión y a preguntarnos qué significado debe tener, cuál debe ser su contenido y cómo se puede contribuir a construirla. Un ejercicio sin duda difícil porque siglos y siglos de confrontación entre pueblos y países, entre indígenas y no-indígenas y entre distintas clases sociales, han dejado profundas heridas que apenas empiezan a cicatrizar.

Guatemala vivió desde 1954 hasta 1985 bajo un régimen jurídico-político militarista, autoritario, represivo y excluyente, erigido con el único propósito de garantizar los derechos de una minoría nacional y extranjera poderosa que siempre vio al país como un feudo del que podía disponer como quisiera. El derrocamiento del presidente constitutional Jacobo Arbenz Guzmán mediate una intervención extranjera el julio de 1954, marcó el inicio de una larga noche de injusticias, terror y muerte que constituyó, al cabo de pocos años, el origen del conflicto armado interno que por más de tres décadas ha marcado el rostro del país.

Los avances logrados en la década 1944-54 en materia de derechos políticos, económicos y sociales fueron borrados de un manotazo a golpe de imposiciones con el poder del dinero y de las armas, a golpe de asesinatos y persecución. Ante ello, los sectores sociales afectados no encontraron otro camino que la confrontación contra ese Estado terrorista que empezaba a surgir, para la revindicación y reclamo de sus derechos.

El surgimiento del conflicto armado interno constituyó, entonces, una respuesta al régimen antidemocrático y totalitario levantado a la sombra del ejército y de los Estados Unidos.

INTRODUCTION

Although the rise of conflict and the polarization of society were con-sequences of the lack of political freedom, the absence of democracy, the participation of all social parties and of social and economic injustice, it was influenced in a certain way by the East–West confrontation which became the Cold War.

The counter–insurgency policies promoted in the country, designed long before the beginning of the internal armed conflict and framed in the U.S. doctrine of internal security, were the immediate response to the rebellion of important sectors of the population against the state of things.

Simultaneously, Guatemala, being a country in whose territory a diversity of cultures dwell, discrimination, marginalization, racism and intolerance, inherited from Colonial times, persisted to further aggravate the precarious living conditions of millions of indigenous peoples who represent more than 50 percent of the total population of the country.

Throughout the history of Guatemala, we indigenous people have been subjected to the most humiliating treatment. Our political, econom-ic, social and cultural rights have never been recognized or respected. We have been looked upon as a synonym of backwardness. That is why an attempt was made to incorporate us into society through assimilation into the dominant culture, which is essentially western.

Relations between the indigenous and non–indigenous populations have not yet been based on terms of equality and on mutual respect. They have been relations of exploitation, subjugation, discrimination and marginalization, relations in which the "ladinos" or "mestizos" have no tolerance toward others who are not "ladinos."

This is why the living conditions of the indigenous people have been, and continue to be, deplorable - with starvation wages (when they receive wages), subject to roles of servitude, without access to politics, to natural resources, to the advances of science and technology and without the possibility of managing their development themselves as a people. That is to say, everything has been denied them, including the right to maintain and develop their culture, which is the source of their identity.

But the country's problems do not end there. The majority of the pop-ulation lives in poverty and extreme poverty; illiteracy is greater all the time; health problems affect the population more and more; infant mor-tality rates increase daily.

Pero siendo el origen del conflicto y la polarización de la sociedad consecuen-cias de la ausencia de libertades políticas, de la ausencia de democracia y de espa-cios de participación para todos los actores sociales y de la injusticia social y económica, fueron influenciados en cierta forma por la confrontacion este-oeste materializada en la Guerra Fría.

La política de contrainsurgencia impulsada en el país, diseñada desde mucho antes del inicio del conflicto armado interno y enmarcada en la doctrina de seguridad nacional estadounidense, fue la respuesta inmediata a la rebelión de importantes sectores de la población ante el estado de cosas.

A la par de esto, siendo Guatemala un país en cuyo territorio habita una gran diversidad de culturas, la discriminación, la marginación, el racismo y la intoler-ancia heredados de la Colonia persistieron agravando aún más las precarias condiciones de vida de millones de indígenas que representan más del 50 por ciento de la población total del país.

A lo largo de la historia del país, los indígenas hemos sido sometidos a los más humillantes tratos. Nunca se nos ha reconocido y respetado nuestros dere-chos políticos, económicos, sociales y culturales. Se nos ha visto como sinónimo de atraso. Por ello es que se ha tratado de incorporarnos a la sociadad a través de la asimilación a la cultura dominante, que es esencialmente occidental.

Las relaciones entre indígenas y no indígenas no han sido hasta hoy en tér-minos de igualdad y sobre la base de respeto mutuo. Han sido relaciones de explotación, sometimiento, discriminación y marginación; relaciones en las que los ladinos o mestizos no tienen tolerancia hacia lo otro, lo que no es ladino.

De ahí que las condiciones de vida de los indígenas hayan sido y sigan siendo deplorables, con salarios de hambre (cuando los tienen), sometidos incluso a rela-ciones serviles; sin acceso a la política, a los recursos naturales, a los avances de la ciencia y la tecnología, sin la posibilidad de dirigir ellos mismos su desarrollo como pueblos. Es decir, se les ha negado todo, incluso el derecho a conservar y desarrollar su cultura, fuente de su identidad.

Pero los problemas del país no terminan allí. La mayoría de la población vive en la pobreza y la extrema pobreza; el analfabetismo es cada vez más grande; los problemas de salud cada vez afectan más a la población; los índices de mortandad materno-infantil se incrementan día con día.

INTRODUCTION

The economic policies implemented by successive governments daily widen the gap which separates the rich from the poor. While the income of the opulent minority has doubled in the last two decades, that of the majority has decreased considerably.

As happens in relations between governments at the international level, political, economic, social and cultural relations between social classes and the different cultures of the country continue to be unequal and unjust.

In its international relations, Guatemala continues to be a country which is economically and politically dependent, in a position of weakness vis–a–vis the developed countries and those with a greater degree of development. The promotion of political policies formulated abroad, as a condition for access to international credits, largely illustrates that the country is not capable of becoming inserted in the world economy on the basis of a project which meets its needs and interests.

The foregoing would seem to make no sense when one speaks of the need to build peace. However, in Guatemala it is necessary to start walking down on the path which will lead us to eradicate the causes which gave rise to the internal armed conflict.

During the ten years which have elapsed since the democratic transition period began, there have been important achievements in matters of civil and political rights. However, the democratization process requires a profound reform of government, starting with the strengthening of the civilian power and with the demilitarization of the country.

To build peace in Guatemala, eradicating the causes which gave rise to the internal armed conflict means that we must fight and contribute to reduce the enormous gap which separates the rich and the poor. This means that we must fight to reduce the levels of poverty and extreme poverty which continue to overwhelm the majority of the Guatemalan population. This, of necessity, requires a better and less inequitable distribution of the wealth.

The rights of everyone, men and women, indigenous and non–indigenous people, must also be recognized and, above all, they must be respected and put into practice so they will not be mere words.

The indigenous people, the majority of the population, continue to be the object of discrimination, marginalization, racism and intolerance. How can peace be built under these conditions? It is impossible to believe that, on the threshold of the 21st century, indigenous people are still seen as inferior, second, third or fourth class people, and that for this reason, it is believed these people have no rights.

Las políticas económicas puestas en marcha por los sucesivos gobiernos cada día profundizan más la brecha que separa a ricos y pobres. Mientras los ingresos de la minoría acaudalada se han duplicado en las últimas dos décadas, los de la mayoría se han reducido considerablemente.

Como ocurre en las relaciones entre los Estados en el plano internacional, las relaciones políticas, económicas, sociales y culturales entre las clases sociales y las distintas culturas del país siguen siendo desiguales e injustas.

En sus relaciones internacionales, Guatemala sigue siendo un país dependiente económica y políticamente, lo cual lo coloca en una situación de debilidad frente a los países desarrollados y frente a aquellos que tienen un grado superior de desarrollo. El impulso de políticas económicas delineadas desde fuera, como una condición para acceder a créditos internacionales, ilustra en gran medida que el país no es capaz de insertarse en la economía mundial a partir de un proyecto que responda a sus necesidades e intereses.

Lo anterior pareciera no tener sentido cuando se habla de la necesidad de construir la paz. Sin embargo, en Guatemala es necesario empezar a caminar el sendero que nos lleve a erradicar las causas que originaron el conflicto armado interno.

Durante los diez años transcurridos desde que inició el proceso de transición democrática, ha habido logros importantes en materia de derechos cívicos y políticos. Sin embargo, el proceso de democratización requiere de una profunda reforma del Estado que parta del fortalecimiento del poder civil y la desmilitarización del país.

Construír la paz en Guatemala erradicando las causas que dieron origen al conflicto armado interno, significa que tenemos que luchar y aportar para reducir la enorme brecha que separa a ricos y pobres; es decir, tenemos que luchar por reducir los niveles de pobreza y extrema pobreza que siguen agobiando a la mayoría de la población guatemalteca. Esto, necesariamente, requiere de una mejor y menos inequitativa distribución de la riqueza.

También se tiene que reconocer los derechos de todos, hombres y mujeres, indígenas y no indígenas, y sobre todo respetarlos, ponerlos en práctica, que no queden en palabras.

Los indígenas, la mayoría de la población, siguen siendo objeto de la discrminación, la marginación, el racismo y la intolerancia. Cómo se puede construir la paz en estas condiciones? Es imposible creer que, cuando estamos a las puertas del siglo XXI, se siga viendo y pensando en los indígenas como seres inferiores, de segunda, tercera o cuarta categoría y que por ello se crea que no tienen derechos.

INTRODUCTION

We, the indigenous people of Guatemala, have been protagonists not only of our history and our culture, but also of the country's history. With our work we have contributed to building what is called Guatemala today. If the coffee, cotton, sugarcane and other plantations could talk, they would say that with our sweat, in most cases a result of martyrdom, humiliation and submission, we have contributed to raising the economy of the country in which even today they are thinking about incorporating us through assimilation or aculturalization.

Is not the history of Guatemala largely the history of the indigenous people who live in its territory? But some sectors continue to place the blame for backwardness and underdevelopment on the indigenous population.

In addition to this, and as a consequence of racism, in Guatemala the individual and collective rights of the indigenous people are not recognized. They continue to be marginalized from everything; not only from economic benefits, but also from politics, and their cultural rights are denied as well.

This cannot continue. To build peace also means to recognize and respect the political, economic, social and cultural rights of the indigenous population; to leave the management of their development, the definition of their destiny in their own hands. This will only be achieved if we all, without exception, are capable of constructing new spaces and mechanisms for indigenous/non-indigenous relations which make it possible to build a true interculturality. That is to say, intercultural relations based on the absolute recognition and respect of all cultures, which leads us to build a multiethnic, multicultural and multilingual nation and which leads us to unity in diversity.

We, the indigenous people, have much to contribute to this process. Indigenousness is not only typical dress and handicrafts. These are manifestations of our culture, the value of which has not yet been understood. They contain much of our history, our experience and our knowledge.

In the many years of struggle we, the indigenous people, have gained experience; we have been narrowing the gap which, in the future, hopefully the near future, will put us on an equal footing with the non-indigenous people, so that we may be able to bequeath to future generations a nation in which equality, justice and peace are not only a dream, but are the pillars of development of all the cultures which make up the country and the foundations for the existence of the future nation we must build.

Los indígenas en Guatemala hemos sido protagonistas no sólo de nuestra historia y nuestra cultura, sino también de la historia del país. Con nuestro trabajo hemos contribuido a construir lo que hoy se llama Guatemala. Si las fincas de café, de algodón, de caña y de otros productos hablaran, dirían que con nuestro sudor, en la mayoría de los casos consecuencia del martirio, la humillación y el sometimiento, hemos contribuido a levantar la economía de un país en el que todavía hoy se piensa incorporarnos a través de la asimilación o aculturación.

¿Acaso no es la historia de Guatemala en mucho la historia de los pueblos indígenas que habitamos en su territorio? Pero todavía se persiste en algunos sectores en la visión que otorga a los indígenas la culpabilidad del atraso y subdesarrollo del país.

Además de eso, y como consecuencia del racismo, en Guatemala no se reconocen los derechos individuales y colectivos de los indígenas. Se les continúa marginando de todo; no sólo de los beneficios económicos, sino también de la política y se les niega sus derechos culturales.

Esto no puede continuar. Construir la paz significa también reconocer y respetar los derechos políticos, económicos, sociales y culturales de los indígenas; dejar en manos de ellos la conducción de su desarrollo, la definición de su camino. Esto sólo se logrará si somos capaces, todos sin excepción, de construir nuevos espacios y mecanismos de relación indígenas -no indígenas que hagan posible la construcción de la verdadera interculturalidad. Es decir, relaciones interculturales que se basen en el reconocimiento y respeto absoluto de todas las culturas, que nos lleven a construir una nación pluriétnica, multicultural y plurilingüe, que nos lleven a la unidad dentro de la diversidad.

Los indígenas tenemos mucho que aportar a ese proceso. Lo indígena no es solamente el traje típico, las artesanías. Éstos son una manifestación de nuestra cultura, cuyo valor no ha sido comprendido. Encierran mucho de nuestra historia, de nuestra experiencia, de nuestros conocimientos.

En muchos años de lucha los indígenas hemos ganado experiencia; hemos ido rompiendo la brecha que en un futuro, ojalá no muy lejano, nos ha de poner en igualdad de condiciones con los no indígenas para que podamos heredar a las futuras generaciones una nación en la que la igualdad, la justicia y la paz no sean sólo un sueño sino que sean los pilares del desarrollo de todas las culturas que conforman el país y la base de la existencia de la futura nación que hemos de construir.

INTRODUCTION

We want to build a nation in which the indigenous, as well as the non–indigenous people, have the same opportunities for integral development, based on collective development; a nation in which the search for the common good is the light which guides the actions of men and women.

If we are able to build a nation of this kind, we will also be capable of making Guatemala a nation which makes full use of its sovereignty, as national development will be based on the needs and aspirations of all its inhabitants. This will allow us to seek relationships on equal footing with the other countries on the planet, based on multilaterality and international interdependence.

If we are able to build this kind of nation, we shall be making an important contribution to world peace, which urgently needs cooperation, solidarity, equity and justice.

To build peace, no doubt, means that we must contribute our best efforts; it also means that we will have to travel over a road filled with obstacles; that we must face the opposition of many sectors which are not willing to share the benefits of the production of goods and services and the advances of science and technology with the majority. To build peace with social justice is a challenge which emerges as a priority task, if we want to survive as a species.

The photographs included in this book exemplify the magnitude and importance of that goal. They show the contrasts of a disintegrated country and society on the brink of destruction; they show the beauty of its landscapes and the wealth of its natural resources, while displaying the poverty of the Guatemalan indigenous people. Likewise, many of them summarize the greatness of the indigenous culture. They display the militarism, while showing us a ray of hope in the depth of a look and in the shyness of a smile.

Guatemala needs peace. The world urgently needs peace. It is time to provide it. Let us no longer evade our responsibility.

Queremos construir una nación en la que tanto indígenas como no indígenas tengan las mismas oportunidades para su desarrollo integral basado en el desarrollo colectivo; una nación en la que la búsqueda del bien común sea la luz que guíe la acción de hombres y mujeres.

Si somos capaces de construir una nación de este tipo, lo seremos también para hacer de Guatemala una nación que haga uso pleno de su soberanía, pues el desarrollo nacional estará sustentado en las necesidades y aspiraciones de todos los habitantes. Ello nos permitirá buscar relaciones de igualdad con los otros Estados del planeta, que se basen en la multilateralidad e interdependencia internacional.

Si logramos construir ese tipo de nación, estaremos dando una importante contribución a la paz mundial, urgida de la cooperación, la solidaridad, la equidad y la justicia.

Construir la paz, sin duda, significa que debemos aportar nuestros mejores esfuerzos; significa también que habremos de recorrer un camino lleno de obstáculos; que tenemos que afrontar la oposición de muchos sectores que no están dispuestos a compartir con las mayorías los beneficios de la producción de bienes y servicios y del avance de la ciencia y la tecnología. Construir la paz con justicia social es un reto que se alza como tarea prioritaria si queremos sobrevivir como especie.

Las fotografías que se incluyen en este álbum ejemplifican la magnitud e importancia de esa meta. Muestran los contrastes de un país y una sociedad disintegrada al borde de su destrucción: muestra la belleza de su paisaje la riqueza de sus recursos naturales, a la vez que deja ver la pobreza de los indígenas guatemaltecos. Asimismo, resume en muchas de ellas la grandeza de la cultura indígena. Deja ver el militarismo, a la vez que nos muestra el rayo de esperanza en la profundidad de la mirada y en la timidez de la sonrisa.

Guatemala necesita paz. El mundo está urgido de paz. Es hora de dársela: no eludamos más nuestra responsabilidad.

Chapter 1

MAYAN TRADITIONS: A REVIVAL

The 500th anniversary of the discovery of the Americas has served as a lightning rod for cultural survival in the Americas. Indigenous organizations from the Americas are proliferating rapidly. They are demanding that the ruling regimes respect their human rights, rights that previously belonged only to those of a lighter skin color.

This revival of culture is especially vibrant in Guatemala. Spurred by the Nobel Peace Prize awarded to Rigoberta Menchú, Guatemalan indigenous groups have surged ahead with a boldness never seen before by the ruling elite of Guatemala.

This majority is beginning to speak out, demanding rights to their native lands and their dignity as indigenous peoples. The Rigoberta Menchú Tum Foundation is one such organization. The Committee de Unidad Campesina (CUC) and CONDEG are others. These are the organizations that have dared to raise their voices in a climate of terror in Guatemala.

A Mayan woman in San Antonio Aguas Calientes waits for Mass outside church on Sunday.

Una mujer indígena en San Antonio Aguas Calientes espera la misa frente a la iglesia un domingo.

Los 500 años desde el descubrimiento de América han servido como pararrayos para su supervivencia cultural. Las organizaciones indígenas de América se están proliferando a una velocidad jamás antes vista y están exigiendo que los gobiernos respeten sus derechos humanos, que antes sólo correspondían a aquellos con tez más clara.

Este renacimiento cultural es especialmente vibrante en Guatemala. Impulsado por el Premio Nobel de la Paz otorgado a Rigoberta Menchú, los grupos indígenas guatemaltecos han tomado ímpetu con una intrepidez jamás vista antes por la elite gobernante de Guatemala.

Esta mayoría está comenzando a hacerse oír, demandando derechos a sus tierras autóctonas y a su dignidad como indígenas. La Fundación Rigoberta Menchú Tum es una de estas organizaciones. El Comité de Unidad Campesina (CUC) y CONDEG son otras. Estas son organizaciones que se han atrevido a levantar la voz en un clima de terror en Guatemala.

Active volcano Fuego puffs quietly as it looms over the valley of Antigua, the former capital of Guatemala.

El activo volcán de Fuego echa fumarolas tranquilamente sobre el valle de La Antigua, la antigua capital de Guatemala.

The early morning sunrise overlooks the highland village of Chajul in the Ixıl Triangle.

El sol de la madrugada ilumina la aldea de Chajul en el Triángulo Ixil en el altiplano.

A villager makes adobe blocks in the hot sun in the mountains above Huehuetenango. His family earns $4 for 100 blocks.

Un aldeano hace adobes bajo el sol en las montañas arriba de Huehuetenango. La familia gana US$4.00 por cada 100 adobes.

Dancers take to the streets in Todos Santos for All Saints Day. The Dance of the Conquistadors pokes fun at the Spanish conquest of the Mayans.

El Día de los Santos bailan en las calles de Todos Santos. El Baile de los Conquistadores se mofa de la conquista de los mayas por los españoles.

A young Mayan girl from Chichicastenango carries her younger brother.

Una joven maya de Chichicastenango cargando a su hermanito.

Young boy in San Juan Atitán. The village is one of a very few places in Guatemala where the men still wear traditional dress.

Un niño en San Juan Atitán, una de las pocas aldeas en Guatemala donde los hombres todavía visten su traje típico.

An intricate carpet of flowers is laid down by hand in preparation for a Good Friday procession in Antigua.

Una intricada alfombra de flores colocada a mano espera una procesión durante la Semana Santa en Antigua.

Members of the community of Xaxaxak in Sololá celebrate the Mayan new year. Local Mayan priests say that in the 1980's the Army considered their gatherings subversive and banned them.

Habitantes de Xaxaxac cerca de Sololá celebran el año nuevo del Calendario Maya. Los sacerdotes mayenses dicen que en la década de los '80 las ceremonias fueron prohibidas por el Ejército.

Church members carry the image of Jesus through the streets of the tourist town of Antigua during Easter week celebrations. Soldiers look on from the second floor of the municipal building.

Feligreses cargan la imagen de Jesús por las calles de la ciudad turística de La Antigua durante las celebraciones de la Semana Santa. Algunos soldados observan desde el segundo piso del Palacio Municipal.

Young Mayans take part in the running of the horses in the town of Todos Santos on All Saints Day. The ancient custom has evolved into a display of stature in the community.

Jóvenes mayas participan en las carreras de caballo en el pueblo de Todos Santos el Día de los Santos. Esta antigua costumbre se ha desarrollado importantemente en la comunidad.

Villagers enjoy a laugh while resting during the running of the horses in Todos Santos.

Aldeanos risueños mientras descansan durante las carreras de caballos en Todos Santos.

A young boy in Todos Santos watches his father work in his tailor shop.

Un muchacho observa su padre trabajando en su sastrería en Todos Santos.

Young men from Todos Santos during All Saints Day celebrations.

Jóvenes de Todos Santos durante las celebraciones del Día de los Santos.

Two elders rest outside the church in Todos Santos.

Dos ancianos descansan fuera de la iglesia en Todos Santos.

A woman uses a backstrap loom to weave a piece of clothing in the village of San Juan Atitán.

Una mujer usando el telar de palitos para tejer una tela en la aldea de San Juan Atitán.

A Mayan church elder in the mountain town of Chichicastenango reverently supports a staff handed down over hundreds of years.

Un cofrade de la Iglesia Católica de la aldea de Chichicastenango en los altos reverentemente sostiene un bastón pasado en herencia por centenares de años.

A villager ends up on the receiving end of a bull during the annual celebration in San Antonio Aguas Calientes.

El toro ataca a un aldeano durante la fiesta anual del pueblo de San Antonio Aguas Calientes.

Men perform the Dance of the Mexicans in the small village of
San Lucas Tolimán on the shores of Lake Atitlán.

*Hombres ejecutan el Baile de los Mexicanos en la pequeña aldea de
San Lucas Tolimán en las riberas del Lago Atitlán.*

Mayan priests perform a ceremony in observance of the 13th anniversary of the campesino organization CUC.

Sacerdotes mayas en una ceremonia de conmemoración del XIII aniversario de la organización campesina CUC.

Elderly man from Quiché department at
a town festival.

*Viejo del departamento del Quiché en una
fiesta del pueblo.*

An elderly woman in the highland
town of Chajul prays at the feet of an
image of Jesus in the cathedral there.
Chajúl, located in the Ixil Triangle, was
devastated in the early 80's by the
Guatemalan Army's counter insurgency
campaign.

*Una mujer de avanzada edad del pueblo de
Chajul en el altiplano, ora a los pies de la
imagen de Jesús en la catedral. Chajul, que
se encuentra en el Triángulo Ixil, fue devas-
tado a principios de los años 80 durante la
campaña de contrainsurgencia del Ejército
de Guatemala.*

A campesino in San Juan Atitán takes a rest from working his corn field. *Un campesino en San Juan Atitán descansa de sus labores en su milpa.*

A small child clings to her mother during Mass in the village of Santa Maria de Jesus.

Una niña descansa en el hombro de su madre durante la misa en la aldea de Santa María de Jesús.

Mayan priests perform a ceremony on the first anniversary of the 500 Years Indigenous Movement at the ruins of Mixco Viejo.

Sacerdotes mayenses participan en una ceremonia para marcar el primer aniversario de 500 Años de Movimiento Indígena en las ruinas de Mixco Viejo.

A young girl in Santa Maria de Jesus dresses up in her best "traje" to go to church on Sunday.

Una niña de Santa María de Jesús viste su mejor traje para ir a la iglesia el domingo.

Chapter 2

FINCAS: SLAVERY OR EXPLOITATION?

The definition of the word slavery must be addressed at the large plantations of Guatemala. Is it slavery in the pure sense or just economic slavery when one earns barely enough to survive?

For over 400 years, the Mayan people have been subjected to different forms of slavery at the hands of those who purport to govern and protect them. The "encomienda" system of forced labor gave Spaniards the right to tribute from indigenous villages.

In Guatemala today this form of slavery has been legalized in the form of minimum wage laws which are set by the government but widely ignored by the large land owners, resulting in below- subsistence wages.

It is a crime in this "new world order" for governments to be allowed to exploit their people the way the wealthy exploit in Guatemala. The workers that produce export products such as cotton, coffee, sugar, bananas, and textiles should be protected under international trade agreements.

Indigenous people are forced by economic reality to work on plantations. It is near impossible for families to support themselves by working their small plots in the highlands.

Mayans today are enslaved to the very land that was taken from them 400 years ago by a modern-day system that dooms them to seek work on land that belonged to their ancestors.

A young girl picks coffee beans from the lower branches of a coffee bush.

Una niña cortando café de las ramas inferiores de un cafeto.

La definición de la palabra esclavitud debe abordarse en las grandes plantaciones de Guatemala. ¿Es esclavitud en el sentido puro o sólo es una esclavitud económica cuando se gana apenas lo suficiente para sobrevivir?

Durante más de 400 años, los mayas han sido sometidos a diferentes formas de esclavitud de manos de aquellos que pretenden gobernar y protegerlos. El sistema de encomienda de mano de obra forzada otorgó el derecho a los españoles de obtener tributos de las aldeas indígenas.

En la Guatemala actual, esta forma de esclavitud ha sido legalizada en forma de las leyes de salarios mínimos fijados por el gobierno, pero ampliamente pasados por alto por los grandes terratenientes, lo que resulta en salarios por debajo del nivel de subsistencia.

Es un crimen en "el nuevo orden mundial" que a los gobiernos se les permita explotar a su pueblo en la forma que los ricos lo explotan en Guatemala. Los trabajadores que producen productos de exportación, tales como el algodón, café, azúcar, bananos y textiles debieran estar protegidos por los convenios internacionales de comercio.

Los indígenas por la realidad económica se ven obligados a trabajar en las fincas. Es casi imposible que las familias se sustenten trabajando sus pequeñas parcelas en el altiplano.

Los mayas hoy día son esclavos de las mismas tierras que les fueron quitadas hace cuatrocientos años por un sistema moderno que los condena a buscar trabajo en las tierras que pertenecieron a sus antepasados.

The indigenous workers are transported by truck to the cotton fields in the southern coast region. A family of four averages $4 a day picking cotton in the sweltering heat.

Trabajadores indígenas son transportados por camión a los campos de algodón de la Costa Sur. Una familia de 4 miembros gana un promedio de US$4.00 por día cortando algodón en un calor sofocante.

A young boy, barely as big as the large sack he drags, contributes to the family income by working with his family in the cotton fields.

Un jovencito, apenas del tamaño del costal que arrastra, contribuye a los ingresos de la familia trabajando en las plantaciones de algodón con su familia.

A young girl drenched in sweat takes a break in the cotton fields of the southern coast.

Una niña bañada en sudor descansa un rato en los campos de algodón de la Costa Sur.

A young Mayan boy strains to drag a sack of cotton up a ramp at a large cotton plantation on the southern coast. Most Mayan families bring their children with them to work in the fields.

Un joven indígena se esfuerza por subir un saco de algodón por una rampa en una plantación grande de algodón en la Costa Sur. La mayoría de las familias maya llevan a sus hijos para trabajar en el campo.

A man helps to hoist a 100-pound sack of cotton onto the back of a worker.

Un hombre ayuda a subir un saco de algodón de 100 libras a la espalda de un trabajador.

Boys enjoy an evening's rest from working in the cotton fields.

Muchachos que disfrutan del descanso de sus labores en los campos algodoneros.

A young girl pauses from picking cotton in the vast cotton fields on the southern coast. Temperatures reach into the 100's F as adult and children workers put in long hours for slave wages in the pesticide-saturated fields.

Una joven descansa de cosechar algodón en el inmenso campo algodonero en la Costa Sur. Las temperaturas pasan los 38 grados centígrado, mientras que obreros adultos y menores trabajan largas horas por paga de esclavos en los campos saturados de plaguicidas.

Cotton workers help each other load heavy sacks of cotton onto trucks.

Los trabajadores se ayudan mutuamente para cargar los pesados sacos de algodón en los camiones.

Indigenous workers eat dinner in a workers' camp on a cotton plantation on the Southern Coast. After working long hours in the hot sun, women have to prepare meals for their families.

Trabajadores indígenas cenando en un campamento en una plantación de algodón en la Costa Sur. Después de trabajar largas horas, las mujeres tienen que preparar la comida para su familia.

The cotton plantation foreman rides his horse through a small creek on the farm while indigenous workers, due to a lack of potable water, are forced to bathe their children and wash their clothes in the muddy stream.

El capataz de la plantación de algodón pasa a caballo por la quebrada, mientras que los trabajadores indígenas se ven obligados a bañarse y lavar su ropa en sus aguas sucias por falta de agua potable.

Rain-soaked coffee pickers trudge back to the camp where the women must prepare meals and care for their often sick children. Frequent afternoon showers keep clothing damp and children sick with colds.

Cortadores de café mojados caminan cansados hacia el campamento, donde las mujeres tienen que preparar la comida y cuidar a los niños que se enferman con frecuencia. Muchos aguaceros por las tardes mantienen la ropa húmeda y a los niños con catarro.

A baby is left alone while her mother picks coffee nearby. Women, often burdened with caring for children, work alongside their husbands on the coffee and cotton plantations.

Un bebé se queda solo mientras su madre corta café en las cercanías. Las mujeres, cuidan a sus hijos, a la vez que trabajan junto a sus esposos en las fincas de café y plantaciones de algodón.

Coffee pickers line up to weigh their sacks of coffee. They are paid about $3 per 100-pound bag. In a productive day, a family of four can pick two bags a day.

Cortadores de café hacen cola para pesar sus sacos de café. Ganan unos US$3.00 por saco de 100 libras. En un día productivo una familia de cuatro personas puede cortar dos sacos al día.

Chapter 3

CHONTALÁ: MURDER BY CIVIL PATROL

The Civil Patrols of Guatemala violate the right to free association and the right to be compensated for working. These patrols consist of local men ages 15-60 years who "volunteer" to patrol their community for a 24-hour shift about once every ten days. With the patrols, the military established a permanent militarization of the Mayan highlands of Guatemala. The military professes that the patrols are voluntary and serve to protect their communities against subversives.

In reality, the military uses these patrols to control the Mayan population and to repress civil dissent. Since their inception in 1982, the civil patrols have been responsible for hundreds of acts of intimidation, kidnapping, and assassination in the mostly Indian-inhabited highlands.

Under recently signed peace accords, the civil patrols are being disbanded. They have left a legacy of death and suffering.

In Chontalá, the remains of 27 victims of the Civil Patrol were unearthed by Oklahoma forensic expert Dr. Clyde Snow and his Argentinian team of forensic anthropologists.

The Civil Patrol chiefs, under orders from the local military commander, identified and captured residents suspected of being guerrillas. Some were shot "execution style" in the back of the head, and others were burned alive as their family and friends watched.

The Civil Patrol system has been fought for years by Amilcar Mendez and the Council for Ethnic Communities Runujel Junam "We are all Equal" (CERJ). For their efforts, 25 members of CERJ have been killed or "disappeared" since its inception in 1988.

A skull seems to scream out as a team of Argentinian forensic anthropologists, led by Dr. Clyde Snow of Oklahoma, exhume bones from three sites in the village of Chontalá in 1991.

Un cráneo parece gritar mientras un equipo de argentinos dirigidos por el Dr. Clyde Snow de Oklahoma exhuma huesos de tres sitios en el pueblo de Chontalá en 1991.

Las Patullas Civiles de Guatemala violan el derecho de libre asociación y el derecho de recibir compensación por trabajar. Estas patrullas consisten de hombres de la región de edades de 15 a 60 años, quienes se "ofrecen de voluntarios" para patrullar su comunidad por turnos de 24 horas, una vez cada diez días. Con las patrullas, el Ejército estableció una militarización permanente en las regiones montañosas indígenas de Guatemala. El Ejército dice que las patrullas son voluntarias y que sirven para proteger a sus comunidades contra los subversivos.

En realidad, el ejército usa estas patrullas para controlar a la población maya y para reprimir los desacuerdos civiles. Desde su inicio en 1982, las patrullas civiles han sido responsables de cientos de actos de intimidación, secuestros y asesinatos en las regiones montañosas habitadas principalmente por indígenas.

Bajo acuerdos de paz firmados recientemente, las patrullas civiles están siendo dispersadas. Estas han dejado una herencia de muerte y sufrimiento.

En Chontalá, los restos de 27 víctimas de la Patrulla Civil fueron desenterrados por el experto forense de Oklahoma, Dr. Clyde Snow y su equipo de argentinos.

Los jefes de la Patrulla Civil, bajo órdenes del comando militar local, identificaron y capturaron a residentes sospechosos de ser parte de guerrillas. Algunos fueron disparados al "estilo de ejecución" en la parte trasera de la cabeza, y otros fueron quemados vivos mientras su familia y amigos observaban.

Amilcar Mendez y el Concilio para Comunidades Etnicas Runujel Junam "Todos Somos Iguales" (CERJ) han peleado contra el sistema de Patrulla Civil por años. Por sus esfuerzos, 25 miembros del CERJ had sido asesinados, o "desaparecidos" desde su comienzo en 1988.

Forensic expert Dr. Clyde Snow (hat) examines a skull exhumed in Chontalá. Dr. Snow and a forensic team from Argentina exhumed a total of 27 bodies in three different sites in the town of Chontalá.

El experto forense, Dr. Clyde Snow (sombrero), examina un cráneo exhumado en Chontalá. El Dr. Snow y un equipo forense de Argentina exhumaron un total de 27 cuerpos en tres sitios diferentes en el pueblo de Chontalá.

The remains of a 12-year-old boy, a rope still tied around his hands, contradict the Army's version that all the deaths in Chontalá were combat-related. According to Snow, the evidence indicates the boy's hands were tied behind his back and he was shot "execution style" in the back of the head.

Restos de un niño de 12 años, con las manos atadas atrás, lo que contradice la versión del Ejército de que todas las muertes en esta región se debieron a combates. Según Snow, la evidencia indica que el niño fue atado de las manos y ejecutado de un disparo en la cabeza.

Eleven skeletal remains were discovered in a corn field near the Catholic church in Chontalá.

Los restos de once esqueletos fueron descubiertos en una milpa cerca de la iglesia católica de Chontalá.

Young boys watch as workers exhume the remains of massacred victims of the early '80s in the village of Chontalá. The Civil Patrol, under instructions from the local army base, executed 22 villagers suspected of being guerrillas.

Jóvenes observan cuando los trabajadores exhuman los restos de las víctimas masacradas a principios de los años 80 en el pueblo de Chontalá. Las Patrullas de Autodefensa Civil, bajo las instrucciones de la base local del Ejército, ejecutaron a 22 aldeanos de quienes se sospechaba que eran guerrilleros.

A memorial service is held at the site of the exhumation of six massacre victims in the highland town of Chontalá in August 1991. Each plastic bag contains the remains of a person killed in the 1984 massacre.

Un servicio conmemorativo celebrado en el sitio de la exhumación de seis víctimas de una masacre en el pueblo del altiplano Chontalá en agosto de 1991. Cada bolsa plástica contiene los restos de una persona asesinada en 1984.

Townspeople from Chontalá and Chichicastenango gather at the entrance of the cathedral in Chichicastenango for the burial of 27 victims.

Los habitantes de Chontalá y Chichicastenango se reunen en la entrada de la catedral en Chichicastenango para una misa para las 27 víctimas.

Members of human rights groups carry the caskets of the Chontalá victims to the cemetery in Chichicastenango.

Los miembros de grupos de derechos humanos llevan en hombros al cementerio de Chichicastenango los ataúdes de las víctimas de Chontalá.

Tourists and villagers of Chichicastenango
look on as men bear the caskets from Chontalá
to the cemetery in Chichicastenango.

*Turistas y pobladores de Chichicastenango obser-
van a los hombres que cargan los ataúdes de
Chontalá al cementerio en Chichicastenango.*

Civil Patrol members pose in front of the guard house at the entrance to the town of San Juan Atitán in the Department of Huehuetenango.

Miembros de la patrulla civil en frente de la garida en la entrada del pueblo de San Juan Atitán del Departamento de Huehuetenango.

Indigenous men from the Civil Patrol in Chichicastenango march in traditional dress in the 1993 Army Day parade, and publicly carry automatic weapons for the first time.

Hombres indígenas de la Patrulla de Autodefensa Civil en Chichicastenango marchan en sus trajes típicos en el desfile del Día del Ejército. En 1993 por primera vez llevan armas automáticas en público.

Members of CERJ gather outside the presidential palace. After six months of repeated requests, President Jorge Serrano granted CERJ leaders an audience to discuss the legality of the Civil Patrol.

Miembros de CERJ se reunen frente a la Casa Presidencial. A los seis meses de repetidas solicitudes, el Presidente Jorge Serrano concedió audiencia a los miembros del CERJ para tratar el asunto de la legalidad de las Patrullas de Autodefensa Civil.

Families in Chunimá are forced to leave their homes because of death threats by the Civil Patrol. The National Police accompanied the families to refuge in Santa Cruz del Quiché under the protection of CERJ, a human rights organization.

Familias de Chunimá se ven obligadas a abandonar sus hogares debido a amenazas de muerte de las Patrullas de Autodefensa Civil. La Policía Nacional acompañó a las familias a refugios en Santa Cruz del Quiché bajo la protección del CERJ, una organización de derechos humanos.

A tear comes to the eye of a woman as she packs her belongings and flees her home in Chunimá because of death threats from the Civil Patrol.

Una mujer llora mientras empaca sus posesiones y huye de su hogar en Chunimá debido a las amenazas de muerte de la Patrulla de Autodefensa Civil.

Former assistant Human Rights Director Alvarez Guademuz poses with two residents of Chunimá who a year earlier were forced to flee their homes under threat from the Civil Patrols. Guademuz, one of the most dedicated human rights advocates in the government, was frustrated by government and Army indifference to the protection of the rights of the indigenous of Guatemala.

Pasado procurador Adjunto de los Derechos Humanos Alvarez Guademuz posa para una foto con habitantes quienes abandonaron sus casas un año antes bajo amenazas de la Patrulla Civil. Guademuz, uno de los más dedicados protectores de derechos humanos en el gobierno, fue frustrado por la indiferencia del gobierno y el Ejército a protejer los derechos del pueblo indígena de Guatemala.

Civil patrollers in the village of Chunimá. In 1991, the former leader of the patrol assassinated two local men who refused to serve in the "voluntary" patrol.

Patrulleros de la Autodefensa Civil en la aldea de Chunimá. En 1991, el ex jefe de la patrulla mató a dos hombres del lugar que se negaron a servir en la patrulla de "voluntarios".

Refugee children from Santa Clara spend their days in the CERJ office in Santa Cruz del Quiché.

Niños refugiados de Santa Clara pasan sus días en las oficinas de CERJ en Santa Cruz del Quiché.

Chapter 4

DEMOCRACY: FREEDOM OR FARCE?

The Guatemalan constitution has been a document largely ignored in Guatemala. The many flowery passages that contain the guarantees for the citizens of Guatemala have not been respected by the very institutions that make up the Guatemalan government.

The respect for human life and human rights has taken a back seat to the Army's counter insurgency strategies. The Army and lawless right-wing factions are directly to blame for the decades of bloodshed in Guatemala.

The Army, proud of its record of protecting the Guatemalan state, has instead been guilty of protecting the military regimes that have oppressed and slaughtered the citizens of Guatemala, especially the Mayan majority.

There is hope today, with the signing of the peace accords, that the Guatemalan government will begin to represent and protect its people rather than abuse them. The ground work has been laid for a new Guatemala. It is hoped this new government will respect these accords more than they have respected their own constitution in the past.

Members of the National Police seal off the entrance to Congress after President Jorge Serrano seized power in a failed coup attempt in June 1993.

Efectivos de la Policía Nacional cierran la entrada al Congreso después de que el Presidente Serrano se apoderó del Gobierno en un golpe fracasado en junio de 1993.

La Constitución de Guatemala es un documento en gran parte dejado al lado en Guatemala. Los muchos pasajes floridos que contienen las garantías para los ciudadanos de Guatemala no son respetados por las mismas instituciones que constituyen el gobierno de la República.

El respeto por la vida humana y los derechos humanos ha tomado una posición a la zaga de las estrategias de contrainsurgencia del Ejército.

El Ejército y las facciones ilícitas derechistas son los directamente culpables de decenios de derramamiento de sangre en Guatemala. El Ejército, orgulloso de sus antecedentes de proteger el Estado de Guatemala, en vez de eso ha sido culpable de proteger a los regímenes militares que han oprimido y masacrado a los ciudadanos guatemaltecos, especialmente a la mayoría maya.

Hoy, después de firmar los acuerdos de paz, hay la esperanza de que el gobierno guatemalteco empiece a representar y proteger al pueblo en vez de abusar de ello. Se han echado las bases para una nueva Guatemala. Esperemos que el gobierno respete estos nuevos acuerdos más de lo que haya respetado su propia constitución en el pasado.

Presidential candidate Jorge Carpio (left) helps carry the casket of assassinated party member Rolando Ruano in 1990. Carpio, the leader of the National Central Party, was himself gunned down on an isolated stretch of road near Chichicastenango in 1993.

El candidato presidencial Jorge Carpio (izquierda) ayuda a cargar el féretro de Rolando Ruano, un miembro de su partido asesinado en 1990. Carpio, el líder del Partido de Unión del Centro Nacional fue ametrallado y murió en un camino aislado cerca de Chichicastenango en 1993.

The widow of the bodyguard of congressional candidate Raul Ruano walks with his casket to the cemetery in Jalapa for burial. He and Ruano were assassinated one month before the general elections in 1990.

La viuda del guardaespaldas del candidato Juan Ruano acompaña el féretro de su esposo al cementerio. El murió en tratar de defender la vida del candidato Ruano en cual los dos hombres fallecieron unos meses antes de las elecciones en 1990.

An eerie hush falls over the crowd in the National Palace as an elderly woman sings a death chant over the body of Ex-President Juan José Arevalo in 1990. Arevalo, who became president in 1949, led the only peaceful government Guatemala has had since the Spanish Conquest. A U.S.-backed coup overthrew his successor's government in 1954 in order to defend the business interests of the United Fruit Company.

Cae un profundo silencio sobre la multitud cuando una anciana canta un canto fúnebre sobre el féretro del ex Presidente Juan José Arévalo en 1990. Arévalo, quien llegó a la presidencia en 1949, dirigió el único gobierno pacífico que Guatemala había tenido desde la Conquista Española. Un golpe de estado, respaldado por el gobierno de los Estados Unidos, derrocó el gobierno de su sucesor en 1954 para defender los intereses comerciales de la United Fruit Company.

A teacher holds his hand over his heart during the playing of the National Anthem at a teacher demonstration in front of the National Palace in 1989. Teachers earn about $150 a month in Guatemala.

Un maestro pone la mano sobre el corazón durante el Himno Nacional durante una demostración de protesta ante el Palacio Nacional en 1989. Los maestros ganan aproximadamente US$150 por mes en Guatemala.

Young protesters spray paint the front door of the Congress and shout for the resignation of all members following Serrano's failed coup in June, 1993. In a secret back room deal, Ramiro de León Carpio assumed the presidency, and the Congress agreed to resign. A year later they have yet to live up to their promise to resign.

Jóvenes manifestantes pintan las puertas del Congreso y piden la renuncia de todos sus miembros después del fallido golpe de Serrano en junio de 1993. En una componenda secreta, Ramiro de León Carpio asumió la presidencia y el congreso convino en renunciar. Un año después aún no había cumplido esa promesa.

The National Police met head-on with a peaceful protest near the National Congress after Serrano fled when his attempted coup failed in 1993.

La Policía Nacional en un encuentro frontal con una manifestación pacífica cerca del Congreso Nacional después de que Serrano huyó cuando fracasó su intento de golpe en 1993.

Indigenous leader and Nobel Peace Prize recipient Rigoberta Menchú leads a march of journalists to the state newspaper *La Hora* to break a government ban on the press during Serrano's attempted coup in 1993. Police backed down, and Menchu carried the first copies off the press into the streets. The headline calls for Serrano's resignation.

La dirigente indígena y ganadora del Premio Nobel de la Paz, Rigoberta Menchú, dirige una marcha de periodistas al diario "La Hora" para protestar contra la censura de la prensa durante el intento de golpe de estado de Serrano en 1993. La Policía se echó atrás y Rigoberta Menchú llevó los primeros ejemplares a las calles. El titular pide la renuncia de Serrano.

Thousands of Guatemalan citizens gathered at the National Palace shouting for Serrano to resign during his attempted coup. He resigned and fled the country. Amilcar Méndez, right, is the founder of CERJ and today is a member of the Guatemalan Congress.

Miles de ciudadanos guatemaltecos se reunieron enfrente del Palacio Nacional para gritarle al Presidente Jorge Serrano que renunciara durante su entento de golpe de estado. El renunció y huyó del pais. Amilcar Méndez, a la derecha, es el fundador del CERJ y hoy es un miembro del Congreso Guatemalteco.

The thatched-roof houses of the
Communities in Resistance (CPR)
village of Santa Clara rise out of the
morning fog.

*Las casas con techo de paja de la aldea de
las Comunidadas en Resistencia (CPR)
de Santa Clara surgen de la neblina de
la mañana.*

A young girl in the CPR village of Santa Clara takes part in a school activity.

Una niña en la aldea de Santa Clara de las CPR participa en actividades escolares.

A class of school children pose for a class photo in the CPR village of Santa Clara, located in a remote mountain valley in northern Quiché department. Army-controlled villages nearby have no schools. The volunteer teachers hold class two days a week.

Un grupo de escolares posan para una foto en la aldea de las CPR de Santa Clara, que se encuentra en un valle montañoso muy remoto en el norte del Departamento del Quiché. Las aldeas cercanas, controladas por el Ejército, no tienen escuelas. Maestros voluntarios imparten clases dos días por semana.

School children in the isolated CPR village of Santa Clara gather in the main square for a ceremony pledging allegiance to Guatemala.

Escolares en la aislada aldea de las CPR de Santa Clara se reúnen en la plaza para una ceremonia en que juran lealtad a Guatemala.

A Catholic priest celebrates mass in the remote community of Xeputúl in northern Quiche during the second visit to the CPRs by the Multiparty Commission of Churches in 1991.

En 1991, un sacerdote católico celebra la misa en la remota comunidad de Xeputúl en el norte del Quiché durante la segunda visita a las CPR por la Comisión Multipartidista de Iglesias.

A young boy in the CPR town of Xeputúl stands by one of the many signs made in preparation for a second visit by the Multiparty Commission of Churches to the village in 1991. The sign reads, "As long as the repression continues, the population will resist!"

Un niño en el pueblo de la CPR de Xeputúl parado al lado de uno de los muchos rótulos hechos en preparación para la segunda visita de la Comisión Multipartidista de Iglesias a la aldea en 1991. El rótulo dice: ¡Mientras siga la represión! ¡Resistirá la población!

School children participate in a school rally in the CPR village of Santa Clara in the Quiché.

Niños participan en una reunión escolar en la aldea de las CPR de Santa Clara en el Quiché.

During a visit by the Multiparty Commission of Churches in 1991, members of the CPR village of Xeputúl await the start of baptismal ceremonies. The Catholic priest performed more than 100 baptisms after he celebrated Mass.

Durante una visita de parte de la Comisión Multipartidista de Iglesias en 1991, los miembros de la aldea Xeputúl de las CPR esperan el comienzo de las ceremonias bautismales. El sacerdote católico bautizó a más de 100 niños después de celebrar la misa.

A young Mayan girl holds two small chicks in the CPR village of Santa Clara, which is located in a cloud forest in the Guatemalan Highlands.

Una joven indígena con sus pollitos en la aldea de las CPR de Santa Clara, ubicada en el bosque nuboso del altiplano guatemalteco.

Members of the CPR, each carrying a cross to commemorate a member of their community killed by the Guatemalan Army, protest in front of Army headquarters in Guatemala City in 1993. Army officers, trying to stay out of camera range, watch from behind the walls of the medieval-style fortress.

Miembros de las CPR con cruces para conmemorar a un miembro de su comunidad muerto por el Ejército de Guatemala, en protesta ante el Cuartel General del Ejército en la Ciudad de Guatemala en 1993. Oficiales del ejército, tratando de permanecer fuera del alcance de las cámaras, observan detrás de los muros de una fortaleza estilo medieval.

The wife and son of a Mayan
conscripted into the Guatemalan Army
visit during a celebration of the
anniversary of the base at Santa Cruz
del Quiché.

*La familia de un indígena reclutado por el
Ejército de Guatemala visita durante una
celebración del aniversario de la base militar
en Santa Cruz del Quiché.*

Two children of soldiers of the Guatemalan Army dress up for Army Day celebrations in Guatemala City.

Dos hijos de soldados en el Ejército de Guatemala se visten de militares para el Día del Ejército en la Ciudad de Guatemala.

Soldiers at the military base in Playa Grande return from target practice.

Soldados de la base militar en Playa Grande regresan de prácticas de tiro al blanco.

Soldiers line up in formation during Army Day ceremonies. They carry U.S.-made M-16s sold to the Guatemalan Army during the Reagan Administration.

Formación de soldados durante las ceremonias del Día del Ejército. Llevan M–16 de fabricación norteamericana vendidas al Ejército de Guatemala durante la Administración Reagan

President Jorge Serrano, flanked by generals of the Guatemalan Army, participates in Army Day ceremonies.

El Presidente Jorge Serrano, entre dos generales del Ejército de Guatemala, participa en las ceremonias del Día del Ejército.

Defense Minister, Hector Gramajo, trained by the U.S. Army at the School of the Americas, retires from service in 1990.

El Ministro de la Defensa Héctor Gramajo, entrenado por el Ejército de los Estados Unidos en la Escuela de las Américas, se retira del Ejército en 1990.

Guatemalan Army Generals salute the flag during the playing of the National Anthem at Army Day ceremonies in 1990.

Generales del Ejército de Guatemala saludan la bandera durante el Himno Nacional en las ceremonias del Día del Ejército en 1990.

URNG combatants train in the Ixchán jungle.

Combatientes de la URNG entrenan en la selva del Ixchán.

Members of the URNG Che Guevara Front rest in base camp.

Miembros del Frente Che Guevara descansan en la base central.

URNG combatants on reconnaissance near base camp.

Combatientes de la URNG en maniobras de reconocimiento cerca de la base central.

Young URNG combatant.

Joven combatiente de la URNG.

Female URNG combatant poses for portrait in the Ixchán jungle

Una combatiente de la URNG posa para un retrato en la selva Ixchán.

URNG combatant poses for portrait in jungle base camp.

Combatiente de la URNG posa por un retrato en la base central de la selva.

Chapter 5

SANTIAGO ATITLÁN: FROM TRAGEDY TO HOPE

On the night of December 2, 1990, a large group of unarmed villagers from the village of Santiago Atitlán approached the military base demanding answers about a missing villager. Their answer came in the form of an intense volley of automatic gunfire leaving 14 Mayans dead and 28 injured in the massacre. For ten years, the village had been subjected to military occupations, assassinations, and disappearances at the hands of the Army.

Shortly after the massacre, President Vinicio Cerezo ordered the Army to leave Santiago. Cerezo's order is now emblazoned on an eight-foot slab of stone at the site of the abandoned base alongside monuments to those who died at the entrance to the base.

Since the withdrawal of the Army, there have been virtually no violent deaths in Santiago, proving the ten previous years of violence and death were truly the work of the Army. This strategy of intimidation and control in Santiago has been duplicated throughout the countryside in hundreds of Mayan villages.

For almost 500 years, the Mayans of Guatemala have suffered at the hands of military men protecting the wealthy ruling class.

Family members placed the hat of Jerónimo Miguel Sisay on his monument.

Sombrero de Jerónimo Miguel Sisay, colocado en su tumba por familiares.

La noche del 2 de diciembre de 1990, un grupo grande de aldeanos desarmados de la aldea de Santiago Atitlán se acercó a la base militar exigiendo saber del paradero de una persona de la aldea que había desaparecido. Su respuesta vino en forma de una lluvia de balas de armas automáticas que dejó a 14 Mayas muertos y a 28 lesionados en esa masacre. Durante 10 años, la aldea había sido sometida a ocupaciones militares, a asesinatos y a desapariciones a manos del Ejército.

Poco después de la masacre, el Presidente Vinicio Cerezo ordenó al Ejército que abandonara Santiago. La orden de Cerezo ahora está blasonada en una plancha de piedra en el sitio de la base abandonada al lado de los monumentos a aquellos que murieron en la entrada a la base.

Desde que se retiró el Ejército, virtualmente no ha habido muertes violentas en Santiago, lo que demuestra que los 10 años anteriores de violencia y muerte realmente fueron la obra del Ejército. Esta estrategia de intimidación y control en Santiago se duplica en todo el país en cientos de aldeas mayas.

Durante casi 500 años, los mayas de Guatemala han sufrido a manos de los militares que protegen la clase gobernante rica.

Magdalena Sisay cries for justice over the body of her slain 9-year-old son Jeronimo. Her husband, Francisco, sits next to her in the town hall just hours after the massacre.

Magdalena Sisay grita pidiendo justicia sobre el cadáver de Jerónimo, su hijo de 9 años. Su esposo, Francisco, está sentado a su lado en la municipalidad, sólo unas horas después de la masacre.

Family members weep over the body of Pedro Mendoza hours after the massacre in Santiago Atitlán December 2, 1990.

Miembros de la familia lloran sobre el cuerpo de Pedro Mendoza poco después de la masacre en Santiago Atitlán el 2 de Diciembre de 1990.

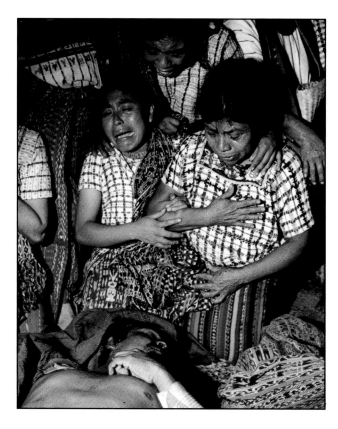

Family members carry the coffin of one of the 13 left dead when Army soldiers fired on unarmed marchers in Santiago.

Miembros de la familia cargan el ataúd de uno de los 13 que fueron muertos cuando soldados del Ejército dispararon contra manifestantes desarmados en Santiago.

A family member cries over the coffin of 18-year-old Gaspar Coó Sicay, slain in the massacre.

Un miembro de la familia llora sobre el féretro de Gaspar Coó Sicay de 18 años, quien murió durante la masacre.

Family members, exhausted from a night of mourning, enter the Catholic church in Santiago to attend burial services for 11 victims of the massacre.

Parientes, agotados después de una noche de velorio, ingresan en la Iglesia Católica en Santiago para asistir a la misa por las 11 víctimas de la masacre.

The father of 13-year-old Pedro Mendoza keeps a vigil for 24 hours at the site where his son died. The villagers honor the martyrs who died in the massacre with a day of memorial ceremonies each December 2nd.

El padre de Pedro Mendoza mantiene una vigilia de 24 horas en el lugar donde murió su hijo. Todos los años, el 2 de diciembre, los habitantes de Santiago honran a los mártires masacrados con ceremonias conmemorativas.

Unable to work in his fields for over a year, Julio Sisay, who was shot in the hip by soldiers during the protest march in Santiago, sits in his home in front of a wall of corn donated by his family and friends.

Incapaz de trabajar en sus campos durante más de un año, Julio Sisay, quien recibió un balazo en la cadera durante la manifestación de protesta en Santiago, sentado en su casa delante de una pared de maíz donado por sus parientes y amigos.

Francisca Coó Sikay mourns over the site where her 18-year-old son Gasper was gunned down by Army soldiers in Santiago, Atitlán. She continues to bring fresh flowers to the massacre site every Saturday.

Francisca Coó Sikay en su lamento en el lugar donde fue muerto a balazos por los soldados del Ejército su hijo de 18 años, Gaspar, en Santiago Atitlán. Ella sigue llevando flores frescas al lugar de la masacre cada sábado.

Young women of Santiago wear traditional "cinta" headdress during the first anniversary ceremony honoring the martyrs who died on December 2, 1990.

Las mujeres jóvenes de Santiago usan el tocado tradicional de "cinta" durante la primera ceremonia conmemorativa del aniversario de los mártires que murieron el 2 de diciembre de 1990.

Villagers in Santiago Atitlán gather in the town square to remember the martyrs who died. Every December 2nd the town honors those killed by the Army.

El pueblo de Santiago Atitlán se junta en la plaza mayor para conmemorar los mártires quienes murieron en la masacre en 1990. Todos los años, el 2 de diciembre, el pueblo honra los muertos por el Ejército.

A candle burns in remembrance of 9-year-old Jeromino killed in the 1990 massacre.

Se quema una candela en recordar el niño Jerónimo muerto en la massacre en 1990.

Alone, the father keeps vigil at his son's memorial on the first anniversary of the killings.

El padre de un muchacho matado en la masacre vela todo la noche en el primer aniversario de la masacre.

Church elder Diego Kiju of
the village of Santiago.

*El cofrade, Diego Kiju, de la
aldea de Santiago Atitlán.*

A young boy from Santiago goes for an early morning fishing trip in Lake Atitlán with his dog. In the background is volcano San Pedro, located on the other side of the bay from Santiago.

Un niño de Santiago con su perro sale para pescar temprano por la mañana en el Lago de Atitlán. En el fondo está el volcán de San Pedro que se encuentra al otro lado de la bahía de Santiago.

Sunset at Lake Atitlán in the department of Sololá. The lake is home to over 70,000 Mayans and is the most popular tourist destination in Guatemala.

El ocaso en el Lago de Atitlán en el Departamento de Sololá. Las riberas de este lago albergan a más de 70,000 mayas. El lago es el destino turístico más popular de Guatemala.

Chapter 6

RIGOBERTA MENCHÚ: DEFENDER OF HUMAN RIGHTS

When Rigoberta Menchú was awarded the Nobel Peace Prize in 1992, the Mayan population of Guatemala rejoiced. An Indian leader, long recognized in the fight for Guatemalan Mayans, Menchú became a voice for all indigenous peoples of the world.

Her influence in international circles gives the world's indigenous peoples a champion for their human rights.

Today, Menchú combines her efforts with other Guatemalan indigenous groups to fight for their right to live and work on equal footing with non-Indians and be at peace.

For years to come, Menchú will be an inspiration to indigenous peoples around the world.

Rigoberta Menchú marches through Sololá days before she was announced the winner of the Nobel Peace Prize.

Rigoberta Menchú marcha en Sololá días antes de que se anunció que se le había otorgado el Premio Nobel.

Cuando a Rigoberta Menchú le otorgaron el Premio Nobel de la Paz en 1992, fue un júbilo para la población maya de Guatemala. Una dirigente indígena, reconocida hacia mucho en la lucha por los indígenas guatemaltecos, Menchú se convirtió en la voz de todos los pueblos indígenas del mundo.

Su influencia en círculos internacionales brinda a los indígenas del mundo una defensora de sus derechos humanos.

En la actualidad, la señora Menchú combina sus esfuerzos con otros grupos indígenas guatemaltecos para pelear por su derecho de vivir y trabajar en igualdad de condiciones con los no indígenas y estar en paz.

Durante los años venideros, la señora Menchú será una inspiración a los indígenas del mundo.

A Mayan priest sprinkles liquor on the ceremonial fire during an anniversary celebration for the CUC, a campesino union banned by the government. The CUC is the largest political group in Guatemala with some 2 million members, mostly indigenous.

Un sacerdote maya rocía licor sobre el fuego ceremonial durante una celebración de aniversario del CUC, un sindicato de campesinos proscrito por el gobierno. El CUC es el grupo político más grande de Guatemala con alrededor de dos millones de miembros, en su mayoría indígenas.

Menchú visits a land occupation in Zone 19 of Guatemala City in 1993. The land was owned by the BANVI, a governmental agency responsible for providing affordable housing.

Rigoberta Menchú visita tierras ocupadas en la Zona 19 de la Ciudad de Guatemala en 1993. Las tierras fueron propiedad del BANVI, un organismo del gobierno responsable de proporcionar vivienda al alcance del pueblo.

Indigenous representatives from the Americas take part in a Mayan ceremony at the Second Intercontinental Congress in Quetzaltenango. The gathering was attended by indigenous peoples from over 20 countries throughout the Americas to protest the first world's celebration of the "discovery"of America.

Los representantes indígenas de las Américas toman parte en una ceremonia maya en el Segundo Congreso Intercontinental en Quetzaltenango. A esta reunión asistieron pueblos indígenas de más de 20 países en las Américas para protestar la celebración del Primer Mundo por el "descubrimiento" de las Américas.

Rigoberta Menchú marches in the town of Retalhuleu on the Southern Coast prior to winning the Nobel Peace Prize. As the march arrives at the coliseum, an Army helicopter buzzes overhead.

Rigoberta Menchú marcha en Retalhuleu en la Costa Sur antes de ganar el Premio Nobel de Paz. Al llegar al coliseo, un helicóptero del Ejército vuela encima en círculos.

Mayan priests light hundreds of candles in their church as part of a Mayan New Year's ceremony.

Sacerdotes mayas encienden cientos de candelas en su iglesia como parte de su ceremonia maya de año nuevo.

Rigoberta Menchú arrives at the airport in Guatemala City after being nominated for the Nobel Peace Prize in 1992.

Rigoberta Menchú llega al aeropuerto de la Ciudad de Guatemala después de ser nominada para el Premio Nobel de la Paz en 1992.

More than 30 Mayan priests perform a secret ceremony in the ruins of the ancient Mayan city of Iximché to formally open the protest movement in 1990.

Más de 30 sacerdotes mayas celebran una ceremonia secreta en las antiguas ruinas mayas de Iximché para iniciar el movimiento abierto de protesta en 1990.

Chapter 7

THE ROAD TO PEACE: THE RETURNEES AND THE PEACE ACCORDS

More than 100,000 Guatemalan people fled to Mexico during the scorched-earth policies of the Guatemalan government in the early 1980s. Today, more than ten years later, these courageous people are returning to their native land. Many, with large families, return to a land fraught with uncertainty for them and their children. The hardships suffered by them in their exile in Mexican refugee camps is compounded by the difficult path to constructing their future in new homes and communities around Guatemala.

President Alvaro Arzú will be the president who gets credit for finally silencing the gunfire in this land, having personally initiated negotiations with the URNG even before taking the oath of office. For the first time in recent history, there is a glimmer of hope that Guatemala will emerge from the darkness that has plagued it for so many centuries.

The Peace Accords, signed in Guatemala City on December 29, 1996, mark not the beginning of peace, but the start of reconciliation and reform that may lead to a lasting peace. There is hope for peace in Guatemala. They have earned it.

Buses carry refugees to their new homes in Alta Verapaz.

Los autobuses llevan los refugiados a sus nuevos hogares en Alta Verapaz.

Más de 100,000 personas guatemaltecas huyeron a México durante las politicas de tierra abrasada del gobierno guatemalteco a principios de la década de los "80. Hoy, más de diez años después, estas valientes personas están regresando a su tierra nativa. Muchos, con familias grandes, regresan a una tierra llena de incertidumbre para ellos y para sus hijos. Las dificultades que sufrieron durante su exilio en campos mexicanos para refugiados han sido incrementadas por el difícil camino para reconstruir su futuro en nuevos hogares y comunidades alrededor de Guatemala.

El presidente Alvaro Arzú será el presidente que obtentrá el crédito por finalmente silenciar el tiroteo en esta tierra, habiendo iniciando personalmente negociaciones con el URNG aún antes de hacer el juramento al asumir su cargo. Por primera vez en la historia reciente, hay un vislumbramiento de esperanza de que Guatemala saldrá de la oscuridad que la ha atormentada por muchos siglos.

Los Acuerdos de Paz, firmados en la Ciudad de Guatemala el 29 de diciembre de 1996, marcan no el principio de la paz, sino el comienzo de la reconciliación y de la reforma que se espera llevarán a una paz duradera. Hay la esperanza de paz en Guatemala. Ellos se la han ganado.

A bus carrying refugees to their new home in Cahabón, Alta Verapaz, crosses the river Oxec on the last leg of the five-day journey from Mexico.

Un autobús que lleva refugiados a su nuevo hogar cerca de Cahabón, Alta Verapaz, cruza el rio Oxec en el último tramo del viaje de 5 días desde México.

At home near Cahabón, children rest after the long trip from Mexico.

En casa cerca de Cahabón, los niños descansan después de un largo viaje desde México.

A young boy washes his hands in the early morning at the temporary camp provided for the new arrivals in Cahabón.

Un niño se lava las manos temprano en la mañana en el campo temporal proporcionado para las personas nuevas que llegan a Cahabón.

Crowds gather in front of the National Palace in anticipation of the signing of the peace accords.

Una gran multitud se reune enfrente del Palacio Nacional en anticipación de la firma de los tratados de paz.

President Alvaro Arzú waves to the crowd as he enters the National Palace for the peace accord ceremony.

El Presidente Alvaro Arzú saluda a las multitudes al entrar al Palacio Nacional para la firma de los tratados de paz.

Gustavo Porras, President of the Peace Commission, and URNG Commander Rolando Morán sign the peace accords.

Gustavo Porras, Presidente de la Comisión de Paz y el Comandante de la URNG, Rolando Morán, firman los tratados de paz.

URNG Commander Pablo Monsanto waves to the crowd of supporters at the airport amidst a frenzy of news photographers.

Pablo Monsanto, Comandante de la URNG, saluda a las multitudes de seguidores en el aeropuerto entre una locura de fotógrafos .

Members of the URNG cheer as Commander Rolando Morán arrives for a visit to Cantabal, Quiché, a day after the signing of the peace accords.

Miembros de la URNG aplauden cuando el Comandante de la URNG Rolando Morán llega a una visita a Cantabal, Quiché, al día siguiente de la firma de los tratados de paz.

Minister of Defense Julio Balconi greets URNG Commander Rolando Morán at the military base in Playa Grande.

El ministro de la Defensa Julio Balconi saluda al Comandante de la URNG Rolando Morán en la base militar en Playa Grande.

URNG leader Jorge Macillas, "Commander Alberto," hugs a fellow URNG supporter during a ceremony to celebrate the signing of peace accords in Cantabal, Quiché.

Jorge Macillas,"Commandante Alberto," líder de la URNG, abraza a un partidario de la URNG durante una ceremonia para celebrar la firma de los tratados de paz en Cantabal, Quiché.

In Sayaxché, Petén, the day after the signing of the peace accords, a campesino protests his community's lack of land during a ceremony with URNG Commander Rolando Morán, Rigoberta Menchú, and Defense Minister Julio Balconi.

En Sayaxché, Petén, al día siguiente de la firma de los tratados de paz, un campesino protesta acerca de la necesidad de tierras de su comunidad, durante una ceremonia con el Comandante de la URNG Rolando Morán, Rigoberta Menchú y el ministro de la Defensa Julio Balconi.

PHOTOGRAPHER'S COMMENTS

The longest war in Central America is finally coming to an end. A combination of internal popular political forces, international pressure, and an armed revolutionary force (URNG) have played a pivotal role in getting the government to agree to accords laying the groundwork for a new Guatemala. These historic accords were signed in December, 1996. The armed conflict is over in Guatemala, but a true and lasting peace depends on the implementation of the agreements.

The death grip that the armed forces and the wealthy have had on the life pulse of Guatemala is giving way to true hope for a just and lasting peace.

For the first time in history it appears all sides have tired of the bloodshed and suffering and have decided to embark on a path to build a new and better Guatemala.

But there can be no true and lasting peace in Guatemala without justice. The truth must be known and the guilty punished for the thousands of acts of killing and torture. The people of Guatemala will never be free until they are free from fear–free from the many forces inside and outside their country which have subjected them to unspeakable acts of violence.

A government which fails to protect its citizens from slaughter and oppression should be rebuilt from the ground up, discarding the corrupt and evil components responsible for its failure.

A legal system which lacks the will and courage to enforce the Constitution and the rule of law should be scrapped and a new, better one put in its place.

An Army which has massacred its own people should be shaken to its very foundation and rebuilt to protect its people instead of intimidating, killing and controlling them. Army leaders responsible for the carnage should be purged from the ranks and tried for their crimes in a civilian court. An Army which has abused its power over the life and death of citizens should be dramatically reduced in size and its power drained.

The United States government should release all CIA and state department documents pertaining to Guatemala so that the truth can be known about its responsibility for the suffering of the Guatemalan people.

The School of the Americas at Fort Benning, Georgia, where the United States has trained the Guatemalan military, should be shut down and the land returned to the original owners, the Euchee American Indian tribe.

Guatemala is the jewel of Central America. Today, through the determination, hard work and sacrifice of many sectors, a lasting peace may be at hand. Today, the truly difficult task remains to build a road to the future on which both Mayans and Ladinos may travel.

Surely men who have the capacity to dream of peace and justice have the capacity to end the causes of tyranny and stop the cycle of violence in Guatemala.

Reconcilliation with justice is the only way to bring Guatemala out of the darkness.

Vince Heptig

La guerra más larga en América Central finalmente está por terminar. Una combinación de fuerzas políticas internas, la presión internacional, y la fuerza revolucionaria armada (URNG) jugado un papel de giro en conseguir al gobierno a acceder a acuerdos fijando los cimientos para una nueva Guatemala. Estos acuerdos históricos fueron firmados en diciembre de 1996. El conflicto armado se ha terminado en Guatemala, pero una paz verdadera y duradera depende de la implementación de los acuerdos.

El control asfixiador que las fuerzas armadas y los ricos han tenido en el pulso de la vida de Guatemala está dando paso a una verdadera esperanza de paz justa y duradera.

Por primera vez en la historia, parece que todas las partes se han cansado del derramamiento de sangre y han decidido embarcarse en un camino para construir una Guatemala nueva y mejor.

Pero no puede haber una paz verdadera y duradera en Guatemala sin que haya justicia. Se debe saber la verdad y se debe castigar a los culpables por los miles de actos de asesinato y tortura. Los ciudadanos de Guatemala nunca serán libres hasta que estén libres del miedo. Libres de las muchas fuerzas tanto adentro como afuera de su país que los han sometido a actos de violencia inexpresables.

Un gobierno que no protege a sus ciudadanos de la masacre y la opresión debe ser reconstruido desde sus cimientos, descartando los componentes perversos responsables por su fracaso.

Un sistema legal al cual le hace falta el deseo y el valor para hacer cumplir la Constitución y la regla de la ley debe ser desechado y renovado, y uno nuevo y mejor debe ponerse en su lugar.

Un ejército que ha masacrado a su propia gente debe ser sacudido hasta sus más profundos cimientos y reconstruido para que proteja a su gente en lugar de intimidarla, matarla y controlarla. Los líderes del ejército responsables por la matanza deben ser destituidos de sus cargos y juzgados por sus crímenes en un tribunal civil. Un ejército que ha abusado de su poder sobre la vida y muerte de sus ciudadanos debe ser reducido dramáticamente en tamaño y su poder debe ser agotado.

El gobierno de los Estados Unidos debe dar a concocer todos los documentos de la C.I.A. y del departamento de estado con relación a Guatemala, para que la verdad se pueda saber acerca de su responsabilidad por el sufrimiento de la gente guatemalteca.

La Escuela de las Américas en Fort Benning, Georgia, donde los Estados Unidos ha entrenado los militares guatemaltecos, se debe cerrar y se debe devolver el terreno a los dueños originales, la tribu indígena norteamericana Euchee.

Guatemala es la joya de América Central. Hoy, a través de la determinación, el gran esfuerzo y sacrificio de muchos sectores, una paz duradera puede estar al alcance. Hoy permanece una tarea verdaderamente difícil de construir un camino hacia el futuro en el cual ambos, mayas y ladinos, puedan viajar.

Seguramente los hombres quienes tienen la capacidad de soñar con paz y justicia tienen la capacidad de acabar con las causas de violencia y detener el ciclo de violencia en Guatemala.

La reconciliación con justicia es la ̀nica manera de sacar a Guatemala fuera de la oscuridad.

Vince Heptig

ACKNOWLEDGMENTS

I wish to thank the Alicia Patterson Foundation and Margaret Engel for their faith in me during my fellowship to begin this project. My fellowship began what was to become a long and rewarding journey ending in the publication of this book. Many thanks to my close friends Carol and Rodger Mallison, without whose tireless help and support this book would never have made it into print. To friends Scott Daniels, Scott Stuckey, and David Breslauer, who supported my move to Guatemala and who always lent a hand when needed. To Stefan Schmitt, his wife Perla, and especially little Michelle and Philippe for sharing their home and love with me for four years in Guatemala. I thank Dr. Clyde Snow and Chris Houk from Oklahoma for being my advocates and teaching me that the indigenous struggle in Guatemala mirrors the struggle of American Indians. To my friends at Americas Watch, thank you. To my family I give my deepest thanks for their help and support.

I thank The Color Place in Dallas, Texas, for donating the printing of a color exhibition which travels around the country to bring my message to those who would listen. I am grateful to Tom Mallison, a master frame builder, and Jeff Grimes for pitching in when needed. Additional thanks go to Nikon, Power Computing, Leica for making great equipment and to Toyota for making the best trucks in the world. I apologize to those who have helped, but are not named here.

To my many friends in Guatemala, I say thank you for always keeping me safe. To the people of Santiago, Atitlán, I thank you for opening your community to me. Your names will not be revealed until there is a true peace in Guatemala. I have reserved a special place in my heart for Rigoberta Menchú, her family, and the staff of the Menchú Foundation. There are not enough words to thank Rigoberta, who taught me little steps are as important as big ones, and that the shouts of Indigenous People around the world need to be heard.

SUGGESTED READING

Menchú, Rigoberta. I, Rigoberta Menchú: An Indian Woman in Guatemala. London: Verso Press

Harbury, Jennifer. Bridge of Courage. Monroe, Maine: Common Courage Press, 1994.

Simon, Jean-Marie. Guatemala: Eternal Spring/Eternal Tyranny. New York: W.W. Norton

Jay, Alice. Persecution by Proxy: The Civil Patrols in Guatemala. The Robert F. Kennedy Memorial Center for Human Rights

Amnesty International. The Americas: Human Rights Violations Against Indigenous Peoples. London